MICHAEL FINK

Spielen mit Krippenkindern

malen, matschen, kneten

HERDER
FREIBURG · BASEL · WIEN

MIX
Papier aus verantwortungsvollen Quellen
FSC® C104521
FSC www.fsc.org

www.herder.de

Satz und Gestaltung: Sabine Ufer, Annett Jana Berndt
Umschlagfotos und Fotos im Innenteil: Michael Fink

Herstellung: Plump Druck & Medien GmbH, Rheinbreitbach
Printed in Germany

ISBN 978-3-451-39644-1

Inhalt

Einladung: Malen ohne Bildermachen

Wer kennt das nicht: Da hat man im Netz eine hübsche Mal-Idee entdeckt, vielleicht einen zum Tier erweiterten Handabdruck. Man bereitet Malplätze vor, füllt Farben in Paletten, legt Blätter bereit ... Und dann kommen die Kinder! Ada kippt Farbwasser von Becher zu Becher. Carlo schmiert sich den Bauch begeistert grün ein. Elif hämmert die Farbe mit der Bürste ins Papier. Sophie setzt zwar erst die Idee mit dem Handabdruck um, aber dann übermalt sie ihr Blatt mit Braun und faltet es vielfach zusammen. Am Ende bleibt viel Reinigungsaufwand übrig, aber keine Kunst, nichts für Wand oder Mappe. War der ganze Aufwand umsonst?

Keineswegs! Denn Ada, Carlos, Elif und alle anderen Kleinstkinder beweisen in solchen Momenten: Der Umgang mit Farbe lässt fast kein Kind kalt. Unsere erwachsene Vorstellung, dass man damit Kunst herstellt, interessiert sie zwar wenig. Aber sie spüren sofort: Hier haben wir ein Material, das unsere Sinne reizt, zum Untersuchen einlädt, zum Experimentieren herausfordert. Eigentlich klar: Farbe ist bunt, riecht merkwürdig, ist klebrig oder glitschig, flüssig oder trocken, sie verändert jede Oberfläche einschließlich unserer Haut. Und weil sie Lust zum Experimentieren macht, ist eigentlich auch klar, dass das Ergebnis offen sein sollte – wie bei jedem Experiment.

Dieses Büchlein soll Lust auf das Experimentieren – oder auch „Malen ohne Bilder" – machen. Ich möchte Ihnen 14 sinn-volle Malaktionen für Krippenkinder vorstellen, bei denen vermutlich wenig vorzeigbare Bilder herauskommen, bei denen es jeweils einiges vorzubereiten gibt und nach jedem Angebot einen – zum Glück begrenzten! – Reinigungsaufwand.

Ich möchte Ihnen zeigen, wie man Krippenkindern den Weg bahnen kann für intensive Erfahrungen rund ums „Malen". Einrichtungstipps für grenzenlosen Malspaß drinnen und draußen finden Sie am Ende des Buches (siehe S. 45). Das Motto lautet: Einfach loslegen! Vier ganz einfache Basis-Tipps, die Sie im Folgenden nachlesen können, sind der Schlüssel für erfolgreiche Malaktionen. Und wie die Fotos in diesem Buch zeigen, entstehen nebenher sogar oft ansprechende Bilder!

Vielleicht ist es genau das, was die kreative Arbeit mit Krippenkindern so spannend macht: Man nimmt sich etwas vor, probiert es aus – und wird vom Ergebnis überrascht.

In diesem Sinne: Lassen auch Sie sich beim Ausprobieren überraschen!

Michael Fink

Wie man Kleinkinder beim Malen lenkt, ohne sie zu lenken

Kleine Kinder machen nicht nur beim Malen, was sie wollen. Sie lernen in Eigenregie. Kann man Kleinkinder beim Malen gar nicht lenken? – Doch, man kann!

Grundgedanke ist, den Kindern bewusst bestimmte Materialien zur Verfügung zu stellen. Wenn Kinder an einem Tisch mit zwei Farben, zweierlei Spachteln, zweierlei Papiersorten stehen, fangen sie meist ganz automatisch an, diese Dinge zu untersuchen und in Beziehung zu setzen. Diese Methode, die wir von Montessori-Tabletts kennen, passt auch beim Malen hervorragend und erspart es Ihnen, Angebote erklären zu müssen oder dauernd zu sagen, was das Kind nicht tun soll.

In den 14 Aktionsideen dieses Buches steht jeweils ein Materialarrangement im Mittelpunkt. Die folgenden Regeln liegen ihnen zugrunde, und sie eignen sich dazu, selbst neue Materialarrangements für das Tun mit kleinen Kindern zu entwickeln:

1: An Spiele und Alltagshandlungen anknüpfen

Das passt! Genau darüber denke ich sowieso nach! Wir Großen kennen das: Neue Einsichten oder Lernerfahrungen begeistern uns besonders, wenn sie zu aktuellen Lebensthemen passen. Nicht anders geht es Kleinkindern: Mit besonderer Aufmerksamkeit und Konzentration sind sie bei kreativen Angeboten dabei, in denen ihre aktuellen Spielthemen Widerhall finden. Einjährige, die gerade in jeder Situation das Herunterfallen von Dingen austesten, sind bei Angeboten mit abwärts laufenden Farben begeistert dabei, und wenn die Zweijährige gerade immerzu Dinge mit dem Rollwagen transportiert, fasziniert sie das Malen mit Autorad-Spuren in besonderem Maße. Ein guter Weg, um passende Angebote für die Kleinen zu planen, liegt also im Erfassen von alltäglichen Spielhandlungen: Beobachten wir eine Weile, was die Kinder im Freispiel tun, um dann zu überlegen, wie man diese Tätigkeiten in kreative Aktionen umstricken kann.

Kurz gefasst
Bieten Sie beim Malen Materialien an, mit denen die Kinder ihre aktuellen Spiele beim Malen weiterspielen können. Das macht es leicht, ins Spiel zu kommen.

2: Die Sinne ernst nehmen

Farbe fühlen – für Erwachsene mag das ein Widerspruch sein, denn ein Bild gehört für uns zum Auge, während für Musik das Ohr da ist und für den Tastsinn – etwas mit Händen oder Füßen Fühlbares. Für Kleinkinder wäre diese strikte Aufteilung nicht „sinnfällig", denn für sie gilt: Ein Angebot ist umso spannender, je mehr Sinne dabei zum Zug kommen. Das trifft für jede einzelne Lernerfahrung zu. Kleinkinder begreifen Abläufe erst dann vollständig, wenn sie diese nicht nur sehen, sondern auch hören und spüren können. Wer aufmerksam zuschaut, kann das bei jeder Malaktion beobachten: Neue Farben bringen die meisten Kinder auch auf Finger oder andere Hautstellen auf, um ihre Konsistenz leibhaftig zu spüren. Lassen sich mit dem Malmaterial Geräusche produzieren, lauschen die Kinder gespannt. Und gehört eine bestimmte Bewegung zum Aufbringen von Farbe, erleben wir oft, wie Kinder sie immer wieder mit großem Schwung ausführen, ohne am Ergebnis auf dem Blatt sonderlich interessiert zu sein.

Kurz gefasst
Bieten Sie beim Malen Materialien an, die nicht nur für die Augen reizvoll sind, sondern sich interessant anfühlen, anhören, einen spannenden Geruch haben und zum Tasten einladen. Je mehr Sinne zum Zuge kommen, umso begeisterter forschen Kinder!

3: Ein Ding in vielen Varianten bereitlegen

Zu jedem Lernprozess gehört der Versuch, ihn auf ähnliche Themen zu übertragen. Und genau das ist bei Lernprozessen von Kleinkindern bestimmend: Ich habe eben erfahren, dass man mit dieser Rolle wunderbar Farbe aufs Blatt bringen kann. Ob das auch für ähnliche Gegenstände gilt? Daher ist es beim Bereitstellen von Malmaterialien so wichtig, vom „Ding des Tages" immer möglichst viele Varianten bereitzulegen. Wenn es heute darum geht, mit einer Kugel Farbe aufs Blatt zu bekommen, brauchen die Kinder neben der ersten Probierkugel – vielleicht einem filzigen Tennisball – viele weitere Testbälle, um zu probieren: Lässt sich das, was beim Tennisball geklappt hat, auch mit Tischtennisball, Murmel, Luftballon, Ei oder gar Pompon bewerkstelligen?

Kurz gefasst
Bieten Sie beim Malangebot nicht nur ein Malwerkzeug, eine Farbe an, sondern immer auch ein oder zwei ähnliche Alternativen mit leicht veränderten Eigenschaften. So können die Kinder ihre Erfahrungen erweitern und übertragen.

4: Wegräumen, was ablenkt

Not macht erfinderisch – und Fülle macht faul. Was tun Kinder, wenn beim Malangebot vor ihnen eine seltsame, vielleicht zum Drucken geeignete Rolle liegt und daneben der wohlvertraute Pinsel? Wahrscheinlich werden die meisten Kinder kurz die Rolle austesten, keine rechte Verwendung finden, um dann wieder zum Pinsel zurückzukehren. Liegt hingegen nur die Rolle bereit, testen sie das Ding so lange, bis sie eine befriedigende Verwendungsmöglichkeit gefunden haben. Aus dieser Erfahrung können wir ableiten: Um die Kreativität der Kinder beim Umgang mit Farbe und Material anzufeuern, ist es gut, das Angebot an Dingen zu verknappen. Wenige neue Dinge statt immer die gleiche Fülle an Bekanntem fordern Kinder heraus, neue Wege zu beschreiten.

Kurz gefasst
Räumen Sie Dinge weg, die Kinder ablenken. Das macht es den Kindern einfach, sich voll und ganz auf die von Ihnen ausgewählten Dinge zu konzentrieren.

Farbe für Viel-Fühler!

Ein herrliches Knallorange, dahinter zartes Lila: Für uns Große ist Farbe eine Sache für die Augen. Kleinkinder hingegen „sehen" Farbe oft eher mit den Fingern, der ganzen Haut. Sie brauchen Farben, die sich unterschiedlich anfühlen: mal cremig, mal kratzig, mal schmierig, mal klebrig. Jede neue Konsistenz ist für sie eine Einladung zum Entdecken und Spüren.

Auf den folgenden Seiten lernen Sie selbst hergestellte oder gepanschte Farben kennen, die sich ganz unterschiedlich anfühlen. Weil die Farben so unterschiedliche Eigenschaften haben, werden jeweils andere Malwerkzeuge und andere Untergründe empfohlen, um damit zu malen.

Ein wichtiges Malwerkzeug und einen wichtigen Malgrund brauchen Sie dabei nicht vorzubereiten: Farben, die sich interessant anfühlen, schmieren kleine Kinder oft sehr gerne direkt mit der Hand auf ihren Körper. Gut so, denn das ist der richtige Weg, um ihre Eigenschaften besonders intensiv zu spüren!

Gekocht, serviert, vermalt: Sinnliche Puddingfarbe

Puddingfarbe ist ideal für das Malen mit den Jüngsten: Die selbst gemachte Farbe ist preiswert, fühlt sich herrlich an und macht sogar nach dem Auftrocknen eine gute Figur. Sie eignet sich für viele Malgeräte wie Bürsten und Spachtel, ganz besonders aber für das Auftragen mit den Fingern.

Das wird gebraucht

Mehl, Zucker, Salz, Wasser, Finger- oder Lebensmittelfarbe, Topf, Rührlöffel, Gefäße, große Papierbögen in verschiedenen Farbtönen, Spachtel, Bürsten aller Art

Vorbereiten

2 Tassen Mehl, eine halbe Tasse Zucker und eine halbe Tasse Salz vorsichtig mit 8 Tassen Wasser verrühren. Die Masse in einem Topf aufkochen lassen, dabei gründlich rühren, damit sie nicht am Boden anbrennt. Wenn der Brei etwa eine halbe Minute mit Blasenbildung gekocht hat, die Masse in mehrere Portionen teilen, um verschiedene Farbtöne herstellen zu können.

Zum Färben etwa 1–2 Esslöffel Fingerfarbe oder mit Wasser angerührte Lebensmittelfarbe in den heißen Brei geben und umrühren, bis die gewünschte Farbwirkung erreicht ist.

Ist die Farbe zu fest, lässt sie sich durch Zugabe von Wasser und fleißiges Umrühren verdünnen. Die fertigen Farben in verschließbare Gefäße füllen.

Stellen Sie den Kindern auf dem Tisch, dem Boden oder der Malwand große Papierbögen zum Malen zur Verfügung. Es bietet sich an, die Bögen auf Tisch und Boden festzukleben, damit die klebrigen Hände nicht das Papier anheben.

Los geht's!

Lassen Sie die Kinder die Farbe erkunden, wenn sie noch lauwarm ist – bei kleineren Kindern am Anfang gerne mit der ganzen Hand. Der trägen Konsistenz der Farbe entspricht eine ruhige, auf sich selbst bezogene Atmosphäre – viele Kinder versinken beim Hantieren mit der Masse regelrecht in Sinneseindrücken.
Zeigen Sie den Kindern, wie sich die Farbmasse auf weißen oder bunten Papierbögen auftragen lässt – entweder mit den Händen oder Füßen, sonst auch mit gezackten Eiskratzern, Spachteln oder unterschiedlichsten Bürsten, von der Nagelbürste über den Spülbürstenkopf bis zur großen Badebürste mit Stiel.

Gut zu wissen

Die Puddingfarbe hält ganz schön lange: Salz und Zucker wirken konservierend, deswegen lässt sie sich in verschlossenen Behältern einige Monate aufbewahren – praktisch!
Bei Verwendung von Fingerfarbe zum Einfärben ist sie leicht aus der Kleidung und von der Haut zu entfernen, denn die Konzentration der Farbpigmente ist gering.

Weitermachen

Puddingfarbe fühlt sich besonders spannend an, wenn sie eine spezielle Temperatur hat. Bieten Sie zur kalten Jahreszeit die Farbe frisch gekocht und lauwarm an – und an heißen Sommertagen nach vorheriger Kühlung im Kühlschrank!

Schmieren wie an Pfützen: Erd-, Sand- und Tonfarbe

Erdfarben fühlen sich an, als rühre man in einer herrlichen Dreckpfütze – nur in bunt! Durch klebrigen Sand, krümelige Erde oder schweren Ton bietet diese DIY-Farbe ein besonderes Fühlerlebnis für die Hände – und riecht auch wunderbar natürlich! Gleichzeitig hinterlässt sie auf stabilen Papierbögen ausdrucksvolle Bilder in gedeckten Farbtönen.

Das wird gebraucht

Sand, Erde, evtl. Ton, Tapetenkleister, Wasser, Fingerfarbe oder Lebensmittelfarbe, Sieb, kleine Gefäße, Pappen oder Tonpapier, Spachtel, Löffel, Bürsten, Gabeln, evtl. Spielzeugautos aus Plastik

Vorbereiten

Sammeln Sie mit oder ohne Kinder zwei bis drei Becher Sand und Erde. Sieben Sie beides gut durch, um Stückchen aller Art zu entfernen. Falls vorhanden, einen oder zwei Becher mit zerkrümeltem Ton mit Wasser mixen, den Ton im Wasser mit den Fingern zerbröseln. Etwas Tapetenkleister anrühren.

Sand, Ton und/oder Erde auf mehrere mittelgroße Gefäße verteilen. Löffelweise Kleister, Wasser und je einen Farbton Fingerfarbe hinzugeben, bis schmierige, leicht oder kräftig bunte Farbtöne entstanden sind.

Bieten Sie zum Malen auf Tisch oder Boden raue Untergründe an – etwa Kartonstücke, festes Tonpapier oder auch Tapete.

Malgeräte braucht die herrlich krümelige Farbe eigentlich kaum, weil sie sich so gut anfühlt. Manchen Kindern kommen trotzdem Löffel, Gabeln oder große Spachtel gelegen.

Los geht's

Lassen Sie die Kinder die Farbe entdecken, signalisieren Sie, dass hier Schmieren angesagt ist. Weil sich die Farbe durch den leicht scheuernden Sand gut wieder von der Haut entfernen lässt, können Sie auch das Sich-selber-Bemalen vormachen und animieren.

Klatschen Sie mit Hand oder Löffel Farbe aufs Blatt und zeigen Sie, wie sie sich mit den Händen verteilen lässt – und mit Gabeln, Spachtel oder auch darüber gerollten Fahrzeugen Spuren in ihr hinterlassen werden können.

Gut zu wissen

Wer Sorge um eine mögliche Keimbelastung von Sand und Erde hat, kann beides im Backofen in einer Backform eine Weile bei 200 Grad durcherhitzen – oder verwendet Vogelsand, Ton und fertige Blumenerde.

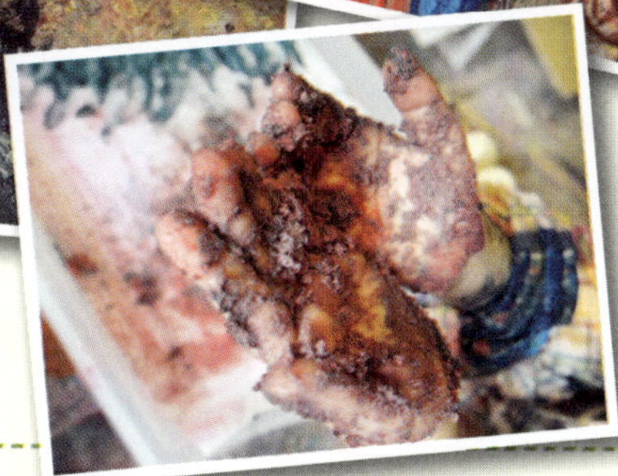

Weitermachen

Viele Kinder wissen, dass „Dreck", dem diese Farbe stark ähnelt, oft Ärger macht. Erproben Sie zusammen, dass Dreck wieder weggeht, indem Sie absichtlich Dinge wie Plastik-Spielgeräte und Spieltiere einschmieren, um sie dann gemeinsam unter Einsatz von Wasserhahn, Spritzflaschen oder Schlauch wieder zu reinigen.

Es riecht nach Kunst! Malen mit Gewürz-Farben

„Mit allen Sinnen" sollen Kleinkinder Erfahrungen machen heißt es so oft – aber der Geruchssinn wird meist vergessen. Ein guter Anlass, um duftende Farbe herzustellen, die Kinder mit ihren unterschiedlichen Gerüchen betört. Malen Sie mit Gewürz-Farben Bilder für empfindsame Kindernasen!

Das wird gebraucht

Mehl, Zucker, Wasser, Salz, Paprikagewürz, Zimt, Kurkumagewürz, Currygewürz, TK-Petersilie, Blütenblätter, Topf, Schälchen, Löffel, buntes Papier

Vorbereiten

Aus Wasser, Mehl, Zucker und Salz eine transparente „Puddingfarbe" herstellen (siehe S. 12). Die Masse auf mehrere Schüsseln verteilen, um daraus jeweils eine andere Duftfarbe herzustellen:

- Einige Esslöffel *Zimt* in ein Schälchen einrühren – es entsteht ein brauner Farbton und ein herrlicher Duft.
- *Kurkuma* erzeugt ein intensives Gelbbraun und riecht interessant, ähnlich ist es bei *Curry*.
- *Paprika*gewürz erzeugt eine tolle Farbe, der Geruch ist jedoch nicht besonders intensiv.
- Rührt man aufgetaute TK-Petersilie ein (eventuell zusätzlich püriert), ergibt sich ein würziger Grünton.

Frühlingshafter Duft kommt durch auf dem Tisch bereitgelegte *Bl*üten dazu, deren Blätter die Kinder abzupfen und wie Briefmarken in die matschige Farbe aufkleben können.

Als Kontrast zu den eher gedeckten Farbtönen empfiehlt sich buntes Tonpapier in knalligen Farben.

Los geht's

Stellen Sie den Kindern zunächst jeweils nur eine „Farbe“ hin, damit sie sich auf den jeweiligen Duft einlassen können; zeigen Sie, wie gut sich die Masse mit dem Spachtel über den Malgrund ziehen lässt. Zeigen Sie durch Mimik und Gestik, dass Sie die unterschiedlichen Düfte wahrnehmen, äußern Sie Vorlieben und eventuelle Abneigungen („Mhm, lecker“, „Uuh, das mag ich nicht so ...“) Laden Sie interessierte Kinder zum Blind-Erriechen ein: „Welche Farbe ist das wohl?“

Gut zu wissen

Werden die Duftfarben mit frischen Zutaten angerührt, sind sie nicht lange haltbar. Testen Sie vor der erneuten Verwendung, ob die Farben noch frisch riechen.
Die duftenden Bilder lassen sich nach dem Trocknen gut aufbewahren. Wenn mit Blütenblättern gearbeitet wurde, können Sie die Frische erhalten, indem Sie die Bilder laminieren.

Quark malt stark: Malen und Kosten mit Quarkfarbe

Quark wird, man glaubt es kaum, schon seit Urzeiten zum Malen verwendet: Für viele Wandfarben war das Naturprodukt früher Hauptbestandteil. Mixt man mit Kindern Quarkfarbe, ist der Vorteil klar: Die Farbe ist essbar, fühlt sich aber auch genauso gut wie ein Quarkwickel an und hinterlässt trotzdem leuchtkräftige Bilder!

Das wird gebraucht

1–2 kg Quark, Lebensmittelfarbe oder „bunte" Gewürze, Schüssel, Papierbögen in kräftigen Farbtönen, Fliegenklatschen, Holzlöffel und -gabeln

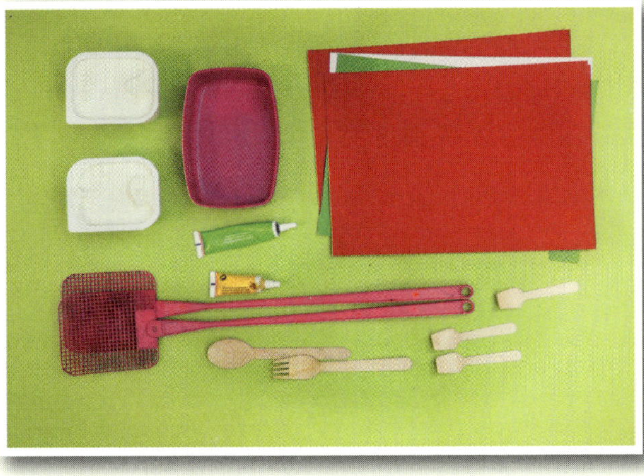

Vorbereiten

Mixen Sie mit den Kindern Quark mit eventuell vorab mit Wasser angerührten Fingerfarben. Oder rühren Sie Gewürzpulver wie Kurkuma und Paprika mit Wasser an, um dieses in den Quark einzurühren. Geeignet ist auch Rote-Bete-Saft.

Legen Sie Papierbögen bereit, ebenso allerlei alltägliche „Malwerkzeuge" wie Löffelchen, Fliegenklatsche oder kleine Spatel.

Los geht's

Sagen und zeigen Sie den Kindern, dass heute ausnahmsweise die Farbe ganz und gar essbar ist und deshalb vor dem Schmieren erschmeckt werden darf. Ermuntern Sie die Kinder, die „fluffige" Farbe mit Löffeln zu rühren, mit Fliegenpatschen zusammenzuklatschen oder auf Papierbögen zu spachteln, um mit Gabeln Linien hineinzukratzen.

Gut zu wissen

Wird das nicht schimmlig oder faulig? Wenn Quarkfarben nicht allzu dick aufgetragen werden, trocknen sie sehr gut weg, und die entstandenen Bilder sind hygienisch völlig unproblematisch. Genauso, wie es bei mit Quarkfarbe ausgemalten Wandmalereien in uralten Kirchen ist ...

Ziemlich zerstreut: Pulverfarbe aus der Schütteldose

Ob Salzstreuer oder Puderdose: Gefäße mit Rausschüttel-Funktion gefallen den Jüngsten manchmal fast zu gut. Kein Problem bei diesen Farbstreuern, befüllt mit selbst gemachtem Farbpulver!

Das wird gebraucht

Sand, Fingerfarbe, Wasser, Gewürzstreuer, buntes Tonpapier, Vaseline oder angerührter Tapetenkleister, flache Schälchen, Backofen (VB)

Vorbereiten

Sammeln Sie Gewürzdosen oder andere Streuer, waschen Sie sie aus und entfernen Sie ggf. das Etikett.
Stellen Sie den Farbsand am Tag vor dem Angebot her: Dazu Fingerfarbe und wenig Wasser mit möglichst hellem und feinem Sand mixen, sodass eine Art Knete entsteht. Diese Masse nun flach auf einem Backblech verteilen und im Backofen bei 100 Grad eine Stunde trocknen lassen. Den getrockneten Farbsand gut durchsieben oder mit einer Reibe zu feinem Pulver reiben, das Sie mit Trichter in die Gewürzstreuer füllen.

Legen Sie für die Kinder bunte Tonpapierbögen bereit, dazu Vaseline in flachen Schälchen. Oder rühren Sie Tapetenkleister an.

Los geht's

Zeigen Sie, wie man die Pulverfarbe auf mit Tapetenkleister eingeschmierte Blätter streut und diese haften bleibt. Oder führen Sie vor, wie man mit Vaseline unsichtbare Spuren auf Papierbögen hinterlässt, diese mit Farbpulver einstreut, die Blätter kurz schüttelt – und dann sichtbare Spuren auf den Blättern erzeugt, weil die Vaseline den Farbsand „festhält“!

Weitermachen

Farbstreuer können bei vielen Malaktionen zum Einsatz kommen – zum Beispiel, um eine besondere Schicht auf frische Fingerfarb-Bilder aufzutragen. Besonders beliebt: Kleine Spielgegenstände in Kleister tunken und anschließend mit Farbsand „panieren“.

Malwerkzeug für Spurenleger

Spuren haben nicht nur für Kleinkinder eine besondere Bedeutung. Spuren sind das, was von Handlungen übrig bleibt: Hier hat jemand etwas Bestimmtes gemacht, und davon erzählt jetzt dieser Fleck, diese Veränderung.

Spuren sind für Kleinkinder ein Ausdruck von Selbstwirksamkeit: Mit jedem Klecks, den sie hinterlassen, erfahren sie, dass sie mit ihrem Körper und ihrem Grips die Welt verändern können. Vermutlich lieben es Kleinkinder deswegen, Dinge durch den Raum zu schieben oder im Sand zu graben, weil all das zeigt: Ich kann die Welt verändern!

Malen ist natürlich ein idealer Spielplatz für das Hinterlassen von Spuren und vermutlich deswegen so interessant für Kleinkinder. Um ihre Freude am Spurenmachen anzufeuern, bietet es sich an, ihnen möglichst viele unterschiedliche Spuren-Erzeuger zur Verfügung zu stellen.

In diesem Sinne begegnen Ihnen auf den nächsten Seiten Luftballons, Deostifte und andere Dinge als Werkzeug für Kinder, um Spuren zu erzeugen – und damit sich selbst zu zeigen: Ich kann was!

Schwamm drüber: Stempeln, Rollen und Drucken mit Schaumstoffen

Schon der pure Schwamm ist universell zum Malen einsetzbar, lässt er sich doch sowohl zum Stempeln und Schmieren als auch zum Aufsaugen und Herauspressen von Farbe verwenden. Und dann kann man mit dem Material Schwamm-pur noch Malgeräte herstellen, die den Kleinsten gut in der Hand liegen!

Das wird gebraucht

Fingerfarbe, Wasser, Schwammstücke, Poolnudel, Rohrisolierung, Schaumstoff-Kantenschutz, Papier

Vorbereiten

Beschaffen Sie Schaumstoffmaterialien aller Art, um daraus Stempel und Farbrollen herzustellen. Gut geeignet sind:

- einfache Haushaltsschwämme, raue Topfkratzer, große Autoschwämme, Flaschenbürsten mit Schwammaufsatz aus der Drogerie
- dünne Schaumgummiplatten und Polsterreste vom Baumarkt
- Heizungsrohr-Isolierungen aus grauem Schaumstoff und blaue Schaumstoff-Kantenschoner, ebenfalls vom Baumarkt
- Poolnudeln

Aus den Putzschwämmen lassen sich Dreiecke, Rechtecke, aber auch Sterne oder „Häuser“ schneiden; aus Poolnudel oder Rohrisolierung flache Kreise mit und ohne Loch, vielleicht auch mit gezahntem Rand wie eine Sonne …

Verdünnen Sie die Fingerfarbe mit der gleichen bis doppelten Menge Wasser und stellen Sie sie auf dem Tisch in flachen Behältern bereit, damit die Kinder dort ihre Schwammtücke eintunken und „tanken“ können.

Legen Sie Malpapier in Papprahmen oder auf Plastiktabletts, denn es wird schnell nass bei dieser Malaktion.

Los geht's

Lassen Sie die Kinder mit Lust stempeln und schmieren – und übernehmen Sie die lästige, aber unvermeidliche Arbeit des Aufwischens größerer Kleckereien. Zeigen Sie, wie man längere Stücke der Poolnudel auch als Walze über das Blatt rollen kann. Bei der innen offenen Rohrisolierung kann man dafür einen Holzstab durchstecken, um dieses Schaumstoffstück wie ein Nudelholz über das Papier zu rollen und damit Bilder zu hinterlassen.

Weitermachen

Bauen Sie an einem Sommertag eine Klecker-Malmaschine mit einem oder mehreren Tropf-Schwämmen, die Sie an einer Schnur an einem Baum aufhängen. Darunter liegt ein großer Bogen weißes Papier, und um den Schwamm „aufzutanken", muss jemand mit einem Farbeimerchen dorthin gehen und den Schwamm hineinhalten.

Farbwasser marsch: Gespritzte Bilder mit dünnen Farben

Farbe spritzt, kleckert und rinnt zu Boden – und die Kinder sind begeistert. Statt hektisch zum Lappen zu greifen, bieten Sie lieber ab und an ein Farbwasser-Angebot an und erproben Sie mit den Kindern verschiedene Wege, nasse Farbe aufs Blatt zu bringen. Fettige Materialien sorgen dabei für einen spannenden Effekt.

Das wird gebraucht

Fingerfarbe (gestreckt mit der doppelten Menge Wasser), Vaseline oder Hautcreme, große Wanne oder Pappkarton, Zitronensaft-Fläschchen, Plastik-Spritzflaschen, Pipetten, Seifenspender, Lappen, Papiertücher, große Papierbögen

Vorbereitung

Einen Becher Fingermalfarbe mit der doppelten Menge Wasser strecken.
Sorgen Sie für eine bekleckerbare Fläche, indem Sie den Raum mit Plane oder einer Plastiktischdecke auslegen. Kleinere Klecker-Aktionen können in Pappkartons mit offener Oberseite stattfinden, in die Sie Papierbögen eingelegt haben.
Wer größere Kleckereien vermeiden möchte, kann unter dem Malpapier saugfähiges Malervlies auslegen. Daneben liegen Schwämme, Papiertücher, Lappen zum Aufwischen – auch für die Kinder.

Legen Sie unterschiedliche Geräte bereit, um flüssige Farbe aufs Blatt zu bringen:

- Zitronensaft-Fläschchen liegen gut in der Hand, man kann sie einfach zusammendrücken und kopfüber in Farbwasser tunken, um sie „vollzutanken".
- Plastik-Spritzflasche (in der Autoabteilung des Baumarktes oder preiswerter im Netz als „Laborflasche") lassen sich ähnlich auffüllen und „abspritzen".
- Pipetten bieten sich an, um Farbe aus flachen Behältern aufzusaugen und auf das Bild tropfen zu lassen.
- Alte Seifenspender, mit Farbe gefüllt, bieten großer Spritz-Spaß. Wenn noch etwas Seifenreste drin sind, schäumt die Farbe wunderbar.

Los geht's

Lassen Sie die Kinder die Spritzgeräte erkunden. Zeigen Sie dann, wie man die Papiere durch Bekleckern und Bespritzen färben kann.

Führen Sie den „Fett-stößt-Farbe-ab"-Effekt vor: Malt man mit Vaseline oder Creme eine Form auf ein Blatt, sieht man davon zunächst nichts. Spritzt man Farbe drauf, wird plötzlich alles bunt, aber die weiterhin ungefärbte Spur hebt sich davon ab. Das sieht besonders toll aus, wenn man farbiges Malpapier und dazu kontrastierende Wasserfarbe verwendet!

Lassen Sie die Kinder experimentieren – und sorgen Sie nebenbei für nachgefüllte Spritzflaschen und beseitigen Sie Pfützen auf dem Boden, damit niemand ausrutscht.

Gut zu wissen

Sieht wie leckerer Saft aus – ist aber keiner. Achten Sie darauf, dass jüngere Kinder die Farbflüssigkeit nicht trinken. Giftig ist sie natürlich nicht, aber keineswegs zum Verzehr über die Maßen (zum Durstlöschen) geeignet.

Weitermachen

Bringen Sie zusätzlich feste Farben (zum Beispiel Erdfarben [siehe S. 14] oder unverdünnte Fingerfarbe) ins Spiel, auf dass die flüssigen Farben diese beim Draufspritzen teilweise auswaschen – das gibt tolle Farbeffekte.

Jetzt ein Eis-Tee? Spuren von Teebeuteln und Eiswürfeln

Große Papierbögen laden Kinder oft ein, darauf mit dem Malgerät „spazieren zu gehen" – von einer Ecke zur nächsten. Zwei tolle „Fahrzeuge" für diese Reisen über das Blatt sind selbst hergestelltes Farb-Eis und rot färbende Teebeutel.

Das wird gebraucht

Früchteteebeutel mit Hibiskus, Wasser, Lebensmittelfarbe, Eiswürfelform, festes Papier, evtl. große Tabletts, evtl. Wachskreiden oder Lippenpflegestift

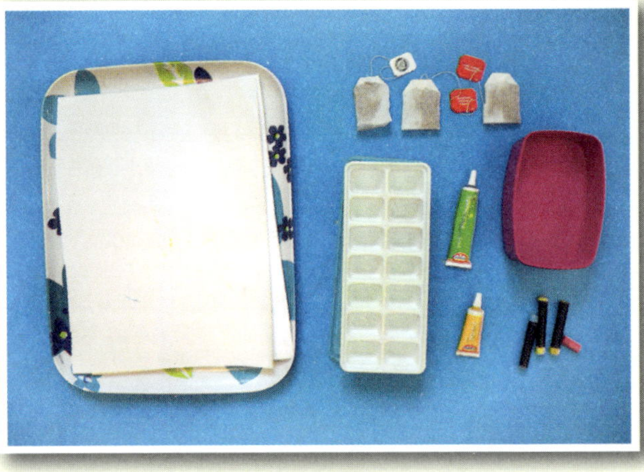

Vorbereiten

Die Tische mit möglichst großen weißen Papierbögen flächendeckend auslegen. Mixen Sie Lebensmittelfarbe mit so viel Wasser, dass kleine Probetropfen ein Papier wie dünne Wasserfarbe färben. Dieses Farbwasser in Eiswürfelbereiter aus Plastik gießen und diese für einige Stunden in das Gefrierfach stellen.

Für die Aktion legen Sie Früchteteebeutel bereit, stellen Schälchen mit Wasser bereit und geben die starr gefrorenen Farbwürfel in kleine Schälchen.
Für die Ablage der sehr nassen, aber durchaus attraktiven Bilder Zeitungspapier oder eine Wickelunterlage aus Krepp auslegen.

Los geht's

Ermuntern Sie die Kinder, die kalten Eiswürfel anzufassen und über das Blatt zu schieben. Begleiten Sie mit „Ah!“ und „Oh!“ das Entstehen von Farbspuren. Dann führen Sie vor, dass auch die Teebeutel Farbe abgeben, indem man sie in Wasser eintunkt und dann am Schnürchen über das Blatt zieht.

Lassen Sie ungeplante Behandlungsweisen des Beutels zu – natürlich macht auch das Auspressen vollgesogener Beutel Spaß und erzeugt tolle Farbflecken. Und interessierte kleine Forscher wollen natürlich auch das Innere des Beutels freilegen und die krümelige Masse untersuchen. Genauso dürften die kalten Eiswürfel die Kinder animieren, ihren Geschmack zu erkunden, was durch die Verwendung von Lebensmittelfarbe völlig ungefährlich und zugleich ein wenig süß ist!

Gut zu wissen

Lust auf Farbeffekte? Wie viele Naturfarben verändert Hibiskus-Tee seine Farbe zu Rotorange, wenn er mit Saurem – z. B. Zitronensaft – in Berührung kommt. Hingegen wird er durch mit Wasser angerührtes Backpulver blau bis türkis – toller Experimentierspaß!

Rot 'n' Roll – Malen mit dem Deoroller

Fest in der Hand muss dieses Malgerät liegen, um damit richtig loslegen zu können: Mit einem farbgefüllten Deoroller können Kinder Bilder mit großen Schwüngen erzeugen. Das trainiert Feinmotorik und Kraft.

Das wird gebraucht

Deoroller mit Glaskörper, Fingerfarbe, Schraubenzieher oder Messer, große Papierbögen, Moosgummibögen oder Geschirrtuch

Vorbereiten

Sammeln Sie ausgediente Roller mit Glas-Körper. Bei diesen sieht man erstens den Inhalt, zweitens lassen sie sich leichter öffnen als die Plastik-Sticks.
Zum Öffnen vorsichtig mit einem Schraubenzieher oder einem dünnen Messer in den Schlitz zwischen Glas-Rand und dem Plastik-Oberteil haken, wo die Kugel drinsitzt. Den Aufsatz aushebeln, den Roller durchspülen und Malfarbe einfüllen. Um sehr feste Farbe etwas geschmeidiger zu machen, wenig Wasser zugeben. Anschließend den Aufsatz wieder aufsetzen.

Zum Malen brauchen Sie auf dem Tisch zunächst eine weiche Unterlage, denn auf harten Untergründen malt der Roller schlecht. Also legen Sie entweder ein Geschirrtuch oder ein großes Stück Moosgummi unter jeden Malplatz, darauf dann einen Papierbogen.

Los geht's

Führen Sie mit deutlicher Mimik vor, dass man am Anfang oder auch zwischendrin beim Deo-Malen kräftig aufdrücken muss, damit der Stift dann umso schneller flutscht.

Gut zu wissen

Auch zum Kleben eignet sich der Deostift: Einfach Bastelkleber hineinfüllen und fast tropffrei Klebespuren ziehen!

Weitermachen

Nutzen Sie Papier von der Rolle, um mit dem Stift weite Strecken zu „fahren“. Spaß macht es, über unterschiedliche Oberflächen zu fahren und zu malen, also mal über besandetes Papier, dann wieder nasses ...

Ganz schön aufgeblasen: Malen mit Luftballon

Luftballons begeistern Kinder auf vielerlei Weise: weil sie der Schwerkraft trotzen, bunt sind und so eigenartig riechen. Wie eignen sie sich als Malgerät? Was für Spuren erzeugen sie? Wie lassen sich die glatten Kugeln über das Malblatt führen? Lassen Sie es die Kinder erkunden!

Das wird gebraucht

Fingerfarbe (gestreckt mit Tapetenkleister und Wasser) oder Puddingfarbe (siehe S. 12), runde, flache Schüsseln oder Suppenteller, große Papierblätter, großer Pappkarton, Luftballons

Vorbereiten

Für diese Aktion für jedes Kind einen Luftballon höchstens dreiviertelvoll aufblasen: Die Ballons sollen schön rund sein, aber auch nachgiebig und bei hohem Druck durch kräftige Kinder nicht platzen.
Legen Sie großes Papier auf dem Boden eines großen Kartons bereit, dessen Rand Sie auf etwa 10–15 cm Höhe gekürzt haben. Dieser verhindert, dass die Ballons durch den ganzen Raum fliegen, denn mit Farbe wird aus ihnen eine flutschige Sache.
Fingerfarbe (mit Tapetenkleister oder etwas Wasser gestreckt) in ein rundes, flaches Malgefäß (Gipsmulde oder Suppenteller) füllen, das breit genug ist, um den ganzen Ballon einzutunken.

Los geht's

Führen Sie vor, wie man mit Ballons malt, indem Sie diesen in das Farbgefäß tunken und über das Papier rollen, ziehen oder durch kräftiges Drücken Abdrücke erzeugen. Lassen Sie die Kinder die „Maltechnik" ausprobieren. Wenn genügend Farbe auf dem Bild und auf dem Ballon ist, flutscht die Sache erst richtig. Fehlt dem Ballon der Schwung, helfen Sie mit zusätzlicher Farbe oder Wasser nach.

Der mit glitschiger Farbe beklebte Ballon fühlt sich nach einer Weile unnachahmlich schmierig an. Das verleitet viele Kinder dazu, den Malkittel auszuziehen, um den Farbballon auf der nackten Haut zu erspüren. Das sollten Sie im Vorfeld bedenken und für ausreichend warme Raumtemperatur Sorge tragen und genügend Lappen zum Saubermachen bereitlegen.
Haben die Kinder eine Weile mit der glitschigen Kleisterfarbe gemalt, können Sie diese gegen klebrige Puddingfarbe austauschen. Nun verändern sich die Malbewegungen zu einem kräftigen Tupfen und Drücken. Statt der flotten Schwünge der Kleisterfarbe entstehen nun ausdrucksstarke Bilder mit mehreren Farbschichten übereinander.

Gut zu wissen

Viele Kinder genießen es, sich auf den weichen, farbbeschmierten Ballon zu legen und herumzuwälzen. Flutscht der Ballon dabei zur Seite, könnten sie auf den Boden prallen – daher scharfe Kanten (am Karton oder am Boden) abkleben, bevor es losgeht. Für Kinder, die den weichen Ballon intensiv mit dem Mund untersuchen möchten, ist selbst gemachte Puddingfarbe (mit Wasser verdünnt und mit Lebensmittelfarbe gefärbt) die beste Malfarbe.

Weitermachen

Macht den Kindern die Aktion großen Spaß, dehnen Sie die Aktionsfläche beim nächsten Mal aus: etwa indem ein großes Papier im Garten ausgelegt und gestaltet wird. Oder Sie hängen die Ballons an Schnüren von einer Malwand herab auf, stellen unten Farbe bereit und lassen in der Senkrechten malen.

Jederzeit Forscherzeit im Malraum!

Kleine Kinder, große Forscher: Mit regelrecht naturwissenschaftlicher Sorgfalt untersuchen Kleinkinder alle Phänomene, die ihnen im Alltag begegnen. Dieser Forscherinnengeist richtet sich auf interessante Elektrogeräte und sich merkwürdige anfühlende Materien genauso wie auf alltäglich beobachtbare Physik. Egal ob Seifenblasen durch den Raum schweben, Geräte per Fernbedienung steuerbar sind oder Wasserhähne mit dem richtigen Dreh lossprudeln: All diese Dinge sind für Kleinkinder Rätsel, die sie unbedingt lösen möchten.
Auch in der Malecke braucht es Materialien und Materien, die durch Benutzen erkundet werden können. In diesem Kapitel können das Massen wie Stärke oder Katzenstreu sein, deren merkwürdige Eigenschaften beim Vermischen mit Wasser und Farbe erlebbar sind. Oder es ist eine gläserne Wand, an der man seine Mitmalerin sehen, dann hinter Farbe verschwinden lassen und wieder auftauchen lassen kann ...

Wunder des Alltags: Experimentieren mit Stärkefarbe

Mischt man Stärke, Wasser und Farbe, entsteht eine Masse mit ganz wunderlichen Eigenschaften: Rührt oder bewegt man sie, wird sie fest – und zerfließt im Ruhezustand wieder. Die „Stärkefarbe" lädt auf diese Weise nicht nur Kinder ein, sie immer wieder mit den Fingern zu untersuchen. Kleckst man sie auf raue Papierbögen, entstehen faszinierende Bilder mit flüchtigem Charme.

Das wird gebraucht

1–2 Pakete Maisstärke, Fingerfarbe oder Lebensmittelfarbe, evtl. Sand, flache Wanne oder Schüssel, raue Pappen, grobes Sieb und/oder Plastikbecher, evtl. Bohrer

Vorbereiten

Zum Herstellen der Stärkefarbe etwa zwei Drittel von einem oder zwei Paketen Maisstärke in eine flache Schüssel füllen. Zwei Löffel Temperafarbe hinzugeben und danach mit dem Finger oder einem Löffel so viel Wasser hinzugeben, dass es gerade eben aufgesogen wird.

Nicht zu viel Wasser verwenden, um den schönen Effekt nicht zu zerstören: Die Masse sollte im Ruhezustand nach einem glatten und festen Pudding aussehen, bei Rühren wie ein Steinbruch zerfallen, um danach wieder langsam zu zerfließen. Ist die Masse zu flüssig geworden, einfach den Rest Maisstärke aus der Packung hinzugeben.

Los geht's

Entdecken Sie mit den Kindern die ungewohnte Materie, indem Sie zum Beispiel kleine Mengen aufsammeln, vielleicht wie Knete formen und dann von Ihrer Hand in langen „Schnüren" hinabtropfen lassen. Ermuntern Sie die Kinder, die Masse in Siebe oder mit dem Bohrer durchlöcherte Becher zu geben, über den Malgrund zu erheben und zu beobachten, wie sie sich von dort „abseilt" – ein irres Schauspiel!

Gut sieht es aus, wenn man nun einen Teil der Masse in einem anderen Farbton färbt, um eine Stärkefarbe als Schicht auf den Boden der Wanne zu geben und die andere dort hineintropfen zu lassen. Dabei bleibt ihre Spur auf hoch interessante Weise sichtbar.

Haben die Kinder eine Weile damit gespielt, setzen Sie nun einen weiteren Reiz ein: Mixen Sie einen Teil der Stärke-Masse mit etwa der gleichen Menge feinen Sandes und etwas Wasser, sodass eine Art „Sandknete" entsteht. Diese lässt sich nun formen, fängt aber ähnlich wie die Stärkefarbe im Ruhezustand an zu zerlaufen. Das ähnelt stark kinetischem Sand – ist aber deutlich billiger.

Gut zu wissen

Wird die Stärkefarbe mit Lebensmittelfarbe angerührt, ist sie essbar; unbedenklich und völlig ungiftig ist sie auch dann, wenn Sie Fingermalfarbe verwenden.

Die Farbe kleckert zwar gehörig, aber keine Sorge: Getrocknete Tropfen kann man von der Kleidung abklopfen, vom Boden oder Tisch einfach wegsaugen oder -fegen.

Weitermachen

Lust auf bleibende Bilder? Während die originale Stärkefarbe leider auch vom Papier wieder restlos abzuschütteln ist, entstehende bleibende Bilder entweder wenn Sie sehr viel Fingerfarbe zugeben oder Bastelkleber beimischen. Jetzt trocknen die entstandenen „Schnüre" gut durch und das ergibt gerade bei dunklen Untergründen tolle Motive!

Nicht für die Katz: Matschen mit Katzenstreu

So ein Matsch! Mineralische Klumpstreu für Katzen, die übrigens einfach aus trockenem Ton besteht, fesselt Kleinkinder eine ganze Weile. Kein Wunder: Erst saugen kleine Steinchen Wasser oder Farbe auf, werden dann zu geschmeidigem Brei und schließlich zu überraschend gut formbarer Knete.

Das wird gebraucht

1–2 Säcke Katzenstreu, Wasser oder Farbwasser, Schälchen, evtl. Fingerfarben, Naturmaterialien, Strohhalme, Korken, Plastikdecke oder Plane

Vorbereitung

Soll die Knetaktion im Innenraum stattfinden, den Tisch oder Boden mit einer Plastiktischdecke abdecken. Draußen bietet sich ein Aktionsbereich mit Steinboden an, ausgelegt mit einer stabilen Plastikplane.

In der Drogerie erhältlich ist Katzenstreu, und zwar solche mit der Bezeichnung „Klumpstreu" und der Inhaltsstoffangabe „Tonmineralien" oder „Bentonit"; die Streu sollte keine Parfümzusätze enthalten. Benötigt werden 1–2 Säcke Katzenstreu.

Vor jedem Aktionsplatz etwa drei bis vier Handvoll Streu als kleinen Berg aufhäufeln. Zum Verkneten ein Schälchen Wasser bereitstellen. Alternativ können Sie auch die gesamte Streu in die Mitte der Aktionsfläche geben, daneben eine Gießkanne oder einen Wassereimer mit Gefäßen zum Schütten, um gemeinsam tätig zu werden.

Vielfältige Naturmaterialien wie Kiefernzapfen, kleine Zweige, Korken und Steinchen bereitlegen, zusätzlich andere Dinge zum Stecken wie Strohhalme, Holzstäbchen etc. Wer es bunt mag, hält außerdem weitere Fingerfarben bereit.

Los geht's

Führen Sie vor, wie man das Farbwasser auf die Streu kippen kann, wo es sogleich versinkt und aus der Streu eine leicht farbige Knetmasse macht. Regen Sie an, dass die Kinder mit der zunächst ungewohnten Masse hantieren und sie so lange wässern, bis aus „Steinchen“ eine einzige Knetmasse wird. Modellieren Sie die Masse dann mit den Kindern, zeigen Sie, wie man Stöckchen und Ähnliches hineinstecken kann, wie man sie zu Kugeln oder Würmern verformt. Animieren Sie die Kinder auch, die Masse durch Aufschmieren weiterer Farbe bunt zu machen.

Gut zu wissen

Tonmineralien sind ungiftig. Wie bei jeder Form von Ton hinterlässt auch die Streu auf Bekleidung oder Haut einen zarten Film, der sich jedoch mit reichlich Wasser abwaschen lässt. Klopfen Sie größere Tonreste von Gefäßen oder der Tischdecke vor dem Abwaschen ab, weil größere Mengen Ton den Abfluss verstopfen können.

Weitermachen

Aus der Aktion kann eine Langzeit-Angebot werden: Die Tonmatsche trocknet zwar schnell, lässt sich aber mit Wasser jederzeit wieder feucht und knetbar machen. Wer Platz hat, kann im Außenbereich eine dauerhafte Knetstation einrichten – am besten auf einem festen Tisch mit Abdeckung, alternativ in einer großen Wanne oder Mörtelwanne.

Ich mal dich, du malst mich: Glaswand-Bilder

Jetzt schmieren sie wieder die Scheibe zu, bis man nicht mehr durchsieht! Bei einer Glas-Malwand, die Sie in wenigen Minuten selbst bauen können, ist das kein Stoßseufzer, sondern der Beginn eines spannenden Malangebots.

Das wird gebraucht

Fingerfarbe, Plexiglasscheibe 30 x 40 cm, 2 Hölzer mit 50 cm Länge, 2 Hölzer mit 20 cm Länge, Heißklebepistole oder Holzkleber, Schwämme, Schwammtücher, weiche Pinsel

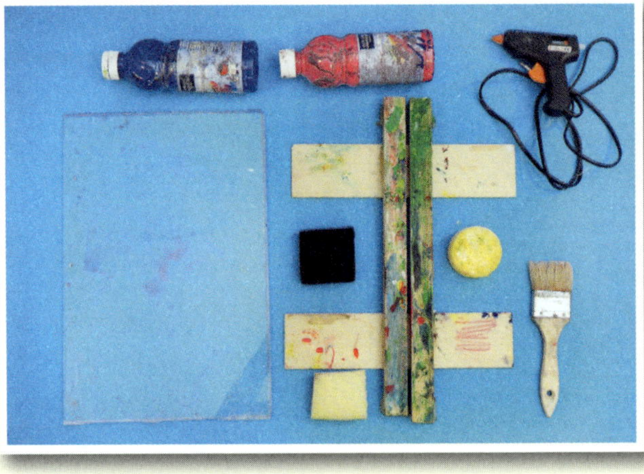

Vorbereitung

Eine Glas-Malwand zu bauen ist überraschend simpel: Im Baumarkt eine Plexiglasscheibe beschaffen (vielleicht 30 x 40 cm groß) sowie zwei etwa 50 cm lange Holzleisten und zwei in etwa 20 cm Länge.
Zum Bauen die Plexiglasscheibe aufrecht auf die lange Seite stellen. Die beiden kürzeren Hölzer rechts und links der Scheibe im rechten Winkel anlegen – wie den Strich vom großen T. Nun die langen Leisten jeweils vor und hinter der Scheibe quer auf die unteren Leisten legen und mit Heißkleber festkleben: Jetzt klemmt die Plexiglasscheibe in einem Schlitz zwischen den Leisten fest und steht dadurch. Weil sie nicht festgeklebt wird, lässt sie sich nach dem Malen herausnehmen und im Waschbecken reinigen.

Die Glas-Malwand so aufstellen, dass die Kinder sie von beiden Seiten aus gut erreichen können.
Zum Malen bieten Sie Fingerfarbe an. Als Malwerkzeuge eignen sich neben den Fingern Dinge zum Auftragen und Abwischen, also zum Beispiel Schwämme, Schwammtücher, weiche Pinsel, Watte und Wattestäbe, eventuell auch eine Wasserspritze.

Los geht's

Laden Sie zunächst ein Kind ein, mit Ihnen das Malen an der Glaswand auszuprobieren und vorzuführen. Ein intimer Moment entsteht, wenn einer der beiden Maler die Sicht des anderen allmählich zuschmiert – und dann wieder durch Wischen freilegt. Wenn die einander gegenüberstehenden Künstler mit jeweils unterschiedlichen Farben malen, entstehen interessante Farbmischungen auf der Glaswand – oder gar ein Kampf von Rot gegen Grün.

Gut zu wissen

Achten Sie darauf, dass sich niemand an den oberen Ecken der Scheibe stößt. Sicherheitshalber sollten Sie sie mit etwas Panzertape bekleben. Droht die Glasmalwand bei heftigen Malweisen umzukippen oder verschiebt sie sich dauernd, können Sie unter die Fußleisten noch eine Holzplatte kleben.

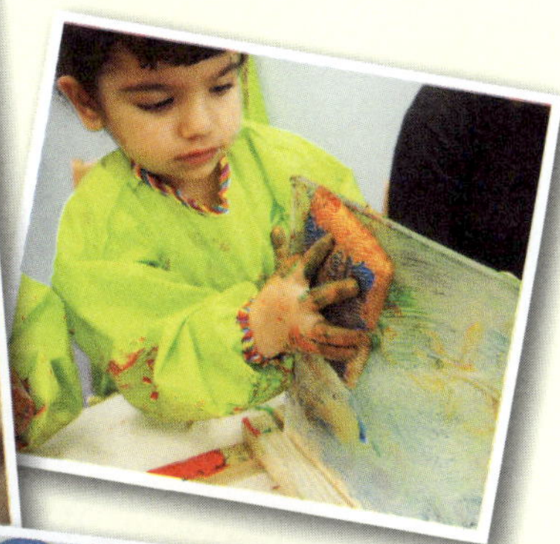

Weitermachen

Ältere Krippenkinder können die Glas-Malwand für erste Abmal-Versuche nutzen: Mit Wäscheklammern am oberen Rand Abbildungen befestigen, die die Kinder dann auf ihrer Seite der Scheibe nachzeichnen können.

Collage rückwärts: Knibbelspaß am Karton

Raufasertapete oder Bucheinband könnten ein Lied davon singen: Unstillbar ist die Lust vieler Kleinkinder, an allen möglichen Stellen Papierschichten abzuknibbeln. Bei dieser Aktion nehmen Sie das Bedürfnis ernst, hinter die Oberfläche schauen zu wollen – und bauen den Kindern ein Objekt zum Knibbeln.

Das wird gebraucht

Fingerfarbe, Pappkarton, viele bunte Papierschnipsel, Rettungsfolie, Kreppklebeband, Bastelkleber

Vorbereitung

Wählen Sie einen Pappkarton, der so groß ist, dass alle Kinder einer Malgruppe gleichzeitig daran aktiv werden können. Diesen Karton nun schichtweise mit möglichst bunten Papierschichten bekleben, damit die Kinder beim späteren Abknibbeln immer wieder von bunten Funden überrascht werden. Diesen Überraschungseffekt können Sie erzielen, wenn Sie den Karton zunächst mit Schnipseln einer gold-silbernen Rettungsfolie bekleben und dann viele kleine bunte Fetzen unterschiedlicher Papiere mit reichlich Bastelkleber darüber kleben.

Zunächst also den Karton mit Kleber einstreichen, die erste Schicht aufkleben, darüber buntes Papier, dann vielleicht eine Schicht Kreppklebebandstreifen, dann wieder bunte Fetzen. Am Ende können Sie den Karton mit einer Schicht Fingerfarbe bedecken, am besten in einer möglichst langweiligen Farbe, um den Überraschungseffekt zu erhöhen.

Den Karton einen Tag gut durchtrocknen lassen.

Los geht's

Präsentieren Sie den Kindern die Kiste. Zupfen Sie an einer lockeren Stelle, um den Kindern zu zeigen, was heute erlaubt und erwünscht ist. Helfen Sie beim Abziehen ganzer Bänder oder Papier-Flicken und zeigen Sie damit, dass heute einmal Krafteinsatz gefragt ist. Sagen Sie „Ah" und „Oh", wenn die Kinder nun beim Abknibbeln bunte Muster freilegen. Lassen Sie die Kinder mal fingerfertig-feinmotorisch, mal ungestüm die Kiste nach und nach entblößen.

Gut zu wissen

Muss man fördern, dass Kinder knibbeln? Auf jeden Fall: Hinter dieser oft als „blöde Angewohnheit" abgetanen Lust steckt nicht nur wertvolle Neugier auf die Welt, Kinder trainieren auch ihre Feinmotorik und beantworten damit die Frage, ob Dinge existieren, wenn sie nicht sichtbar sind.

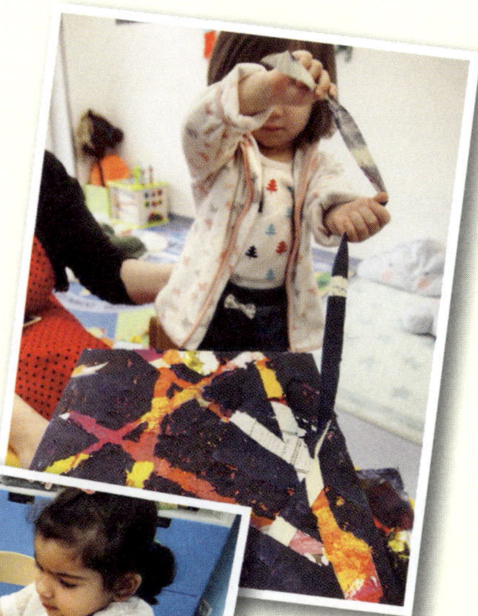

Weitermachen

Sammeln Sie die bunten Fetzen und vielfarbigen Klebeband-Reste, die die Kinder nach und nach freilegen. Aus dem Material können die Kinder auf einem mit Tapetenkleister beschmierten Blatt oder Karton eine neue Collage anfertigen. Entweder, weil das Freude macht und schön aussieht – oder um anderntags weiterknibbeln zu können.

Einfach loslegen!

Was brauche ich, um mit Kleinkindern Mal-Momente rund um die Farbe zu kreieren? Die folgende Auflistung soll helfen, auch mit begrenztem Etat und Platz kreativ in Gang zu kommen.

Einrichtungstipps

„Wenn ich ein richtiges Atelier hätte, dann würde ich auch ...“ – Stellen Sie sich beim Malen mit Kleinkindern nicht vor zu große Hürden. Überprüfen Sie, ob die folgenden Tipps Ihnen weiterhelfen:

Stühle raus, Tisch an die Wand

Kleine Kinder malen und matschen fast automatisch im Stehen oder Hocken. Sich gegenseitig zuzusehen ist weniger wichtig als Ruhe beim Tun. Schaffen Sie einen Malbereich, indem Sie die Stühle aus Ihrer Gestaltungs-Ecke verbannen. Ersetzen Sie große runde Tische, in deren Mitte kein Kleinkind gelangt, durch schmale Rechtecktische, die sie an die Wand stellen – so mögen es Kleinkinder lieber.

Auf Wand und Boden

Viele Aktionen brauchen keinen Tisch. Um an der Wand oder auf dem Boden zu malen, braucht es vor allem eine klare Abgrenzung, damit die Kinder nicht immer die Tapete mitbemalen.

Malwand

Lassen Sie sich an der Wand eine Malwand in Form einer Holzplatte von der Fußleiste bis zur höchsten Kinder-Greif-Höhe anschrauben. Wenn sie leicht schräg angebracht wird – also unten mehr Wandabstand hat als oben –, kann die Farbe eher hinablaufen und tropft nicht.

Es muss nicht unbedingt eine Holzplatte sein: Eine sorgsam an die Wand geklebte oder mittels Klemmleiste befestigte Wachstuchdecke oder Plane funktioniert ebenfalls als Malwand.

Malinseln auf dem Fußboden

Auf dem Fußboden funktioniert ein ausrollbarer Malboden (PVC, Wachstuchdecke, Werbe- oder Lkw-Plane) als Malinsel, vielleicht kombiniert mit preiswertem Malervlies vom Baumarkt. Wichtig ist, dass dieser Bereich, der nass werden darf, klar markiert ist – vielleicht durch Linien von buntem Klebeband, vielleicht durch eine Umgrenzung in Form von Raumteiler-Regalen. Durch die Raumteiler oder die Klebeband-Markierung wissen die Kinder: Hier darf ich kleckern, dort lass ich's sein.

Grenzenloser Malspaß mit Rand

Viele Kleckereien lassen sich durch das Agieren an Tabletts vermeiden. Kaufen Sie große Plastiktabletts mit hohem Rand. Oder nutzen Sie flache Unterbettkommoden oder auch Pappkartons mit bis auf einen Wandrest abgetrennten Seiten als Malplatz. Die Kinder sollten mit den Armen gut hineingelangen und Bewegungsfreiheit haben, aber das Farbwasser nicht austreten.

Draußen

Definieren Sie einen Draußen-Matsch- und Malplatz, wo der Boden bunt, lehmig, schmutzig werden darf. Schaffen Sie die geeignete Infrastruktur: Ein altes Waschbecken als Pinselreinigungs-Bassin hilft auch ohne Wasseranschluss. An einer Hakenleiste sollen Kittel bereit hängen, und in Plastikboxen mit Deckel können Standard-Malutensilien durchaus wetterfest bereitstehen.

Barfuß oder im Gummi-Look

Vergessen Sie die Idee, die Kinder „aufpassen“ zu lassen, dass ihre Bekleidung sauber bleibt. Halten Sie ansehnliche, vielleicht auch unterschiedlich bunte Mal-Bekleidung bereit. Für harte Fälle an kälteren Tagen können Sie Matschhose und Gummistiefel einsetzen, Vorzug hat natürlich der Windel-Look mit mehr Spür-Möglichkeiten.

Ordnung muss sein

Von Chaosvermeidung war ab und an im Buch die Rede. Weil Kleinkinder zwar selbst chaotisch sind, aber Ordnung lieben und brauchen, empfiehlt es sich, die Malmaterialien in einer transparenten Ordnung bereitzuhalten. Beschaffen Sie viele gleiche, gut abwaschbare flache Plastikkästen, um Standard-Maldinge anzubieten. Je klarer die Ordnung, umso mehr wird sie auch respektiert und umso unchaotischer wird wohl auch das Malen.

Catch the moment! – Doku-Wand

Es passiert viel im Laufe eines 30, 40 oder 60 Minuten dauernden Kinder-Malangebots, auch wenn danach außer all den Kleckereien wenig zu sehen ist. Vergessen Sie nicht, bei der Malecke eine Doku-Wand anzulegen, wo einzelne Bilder oder besser noch Bildausschnitte ihren Platz finden, möglichst kommentiert mit wenigen Worten und vielen Aktionsbildern. Gelingt es Ihnen, die hohe Konzentration der Kinder beim Tun einzufangen, erübrigen sich viele Elternfragen nach dem „Bildungswert“ solcher Malangebote von selbst.

Dank

Pädagogik lebt vom Miteinander. Viele große und kleine Menschen haben zu diesem Buch beigetragen, ihnen sei an dieser Stelle gedankt: Michaela Scholz und das Team des Kindergartens „Moritz“ der „Hauptstadtkinder gGmbH“ in Berlin-Wedding luden mich ein, viele Aktionen in ihren Räumen auszuprobieren. Mit Christine Mohr konnte ich im herrlich kreativ eingerichteten Atelier des Familienzentrums Mehringdamm weitere spannende Mal-Momente umsetzen. Und all den beteiligten Kindern sei gedankt – für begeistertes Mitmachen bei allen Aktionen vom ersten Griff in die Farbe bis zum ermatteten „Jetzt Händewaschen“.